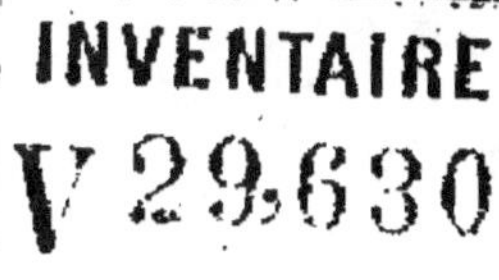

ACADÉMIE

DES

BEAUX-ARTS.

RÈGLEMENT

ET

ARRÊTÉS RÉGLEMENTAIRES.

PARIS,

TYPOGRAPHIE DE FIRMIN DIDOT FRÈRES,

IMPRIMEURS DE L'INSTITUT,

Rue Jacob, n° 56.

1854.

INSTITUT DE FRANCE.

ACADÉMIE

DES

BEAUX-ARTS.

ACADÉMIE

DES

BEAUX-ARTS.

RÈGLEMENT

ET

ARRÊTÉS RÉGLEMENTAIRES.

PARIS,

TYPOGRAPHIE DE FIRMIN DIDOT FRÈRES,

IMPRIMEURS DE L'INSTITUT,

Rue Jacob, n° 56.

1854.

ORDONNANCE

DU ROI

CONCERNANT LA NOUVELLE ORGANISATION DE L'INSTITUT.

Au château des Tuileries, le 21 mars 1816.

LOUIS, par la grâce de Dieu, Roi de France et de Navarre, à tous ceux qui ces présentes verront, salut.

La protection que les Rois nos aïeux ont constamment accordée aux sciences et aux lettres nous a toujours fait considérer avec un intérêt particulier les divers établissements qu'ils ont fondés pour honorer ceux qui les cultivent : aussi n'avons-nous pu voir sans douleur la chute de ces Académies qui avaient si puissamment contribué à la prospérité des lettres, et dont la fondation a été un titre de gloire pour nos augustes prédécesseurs. Depuis l'époque où elles ont été rétablies sous une dénomination nouvelle, nous avons vu avec une vive satisfaction la considération et la renommée que l'Institut a méritées en Europe. Aussitôt que la divine Providence nous a rappelé sur le trône de nos pères,

2.

notre intention a été de maintenir et de pro-
téger cette savante compagnie; mais nous
avons jugé convenable de rendre à chacune
de ses classes son nom primitif, afin de ratta-
cher leur gloire passée à celle qu'elles ont ac-
quise, et afin de leur rappeler à la fois ce
qu'elles ont pu faire dans des temps difficiles
et ce que nous devons en attendre dans des
jours plus heureux.

Enfin nous nous sommes proposé de donner aux Académies une marque de notre royale
bienveillance en associant leur établissement
à la restauration de la monarchie, et en met-
tant leur composition et leurs statuts en ac-
cord avec l'ordre actuel de notre gouvernement.

A ces causes, et sur le rapport de notre
ministre secrétaire d'État au département de
l'intérieur,

Notre Conseil d'État entendu,

Nous avons ordonné et ordonnons ce qui
suit :

Art. 1er. L'Institut sera composé de quatre
Académies, dénommées ainsi qu'il suit et selon l'ordre de leur fondation, savoir :

L'Académie Française;

L'Académie royale des Inscriptions et Belles-
Lettres;

L'Académie royale des Sciences;

L'Académie royale des Beaux-Arts.

2. Les Académies sont sous la protection
directe et spéciale du Roi.

3. Chaque Académie aura son régime indépendant et la libre disposition des fonds qui lui sont ou qui lui seront spécialement affectés.

4. Toutefois l'agence, le secrétariat, la bibliothèque et les autres collections de l'Institut demeureront communs aux quatre Académies.

5. Les propriétés communes aux quatre Académies et les fonds y affectés seront régis et administrés, sous l'autorité de notre ministre secrétaire d'État au département de l'intérieur, par une commission de huit membres, dont deux seront pris dans chaque Académie.

Ces Commissaires seront élus chacun pour un an, et seront toujours rééligibles.

6. Les propriétés et fonds particuliers de chaque Académie seront régis en son nom par les bureaux ou commissions institués ou à instituer, et dans les formes établies par les règlements.

7. Chaque Académie disposera, selon ses convenances, du local affecté aux séances publiques.

8. Elles tiendront une séance publique commune le 24 avril, jour de notre rentrée dans notre royaume.

9. Les membres de chaque Académie pourront être élus aux trois autres Académies.

10. L'Académie Française reprendra ses anciens statuts, sauf les modifications que nous .

pourrions juger nécessaires, et qui nous seront présentées, s'il y a lieu, par notre ministre secrétaire d'État au département de l'intérieur.

11. L'Académie Française est et demeure composée ainsi qu'il suit :

(Suivent les noms de MM. les membres de l'Académie Française.)

(Voy. *l'Annuaire de* 1817.)

12. L'Académie royale des Inscriptions et Belles-Lettres conservera l'organisation et les règlements actuels de la troisième classe de l'Institut.

13. L'Académie royale des Inscriptions et Belles-Lettres est et demeure composée ainsi qu'il suit :

(Suivent les noms de MM. les membres.)

(Voy. *l'Annuaire de* 1817.)

14. L'Académie royale des Sciences conservera l'organisation et la distribution en sections de la première classe de l'Institut.

15. L'Académie royale des Sciences est et demeure composée ainsi qu'il suit :

SECTION Ire. — *Géométrie.*
SECTION II. — *Mécanique.*
SECTION III. — *Astronomie.*
SECTION IV. — *Géographie et Navigation.*
SECTION V. — *Physique générale.*
SECTION VI. — *Chimie.*

SECTION VII. — *Minéralogie.*
SECTION VIII. — *Botanique.*
SECTION IX. — *Économie rurale.*
SECTION X. — *Anatomie et Zoologie.*
SECTION XI. — *Médecine et Chirurgie.*

(*Suivent les noms de MM. les membres.*)

(*Voyez l'Annuaire de* 1817.)

16. L'Académie royale des Beaux-Arts conservera l'organisation et la distribution en sections de la quatrième classe de l'Institut.

17. L'Académie royale des Beaux-Arts est et demeure composée ainsi qu'il suit :

SECTION Ire. — *Peinture.*
SECTION II. — *Sculpture.*
SECTION III. — *Architecture.*
SECTION IV. — *Gravure.*
SECTION V. — *Composition musicale.*

(*Suivent les noms de MM. les membres.*)

(*Voyez l'Annuaire de* 1817.)

18. Il sera ajouté, tant à l'Académie royale des Inscriptions et Belles-Lettres qu'à l'Académie royale des Sciences, une classe d'académiciens libres, au nombre de dix pour chacune de ces deux Académies.

19. Les académiciens libres n'auront d'autre indemnité que celle du droit de présence.

Ils jouiront des mêmes droits que les autres

académiciens, et seront élus selon les formes accoutumées.

20. Les anciens honoraires et académiciens, tant de l'Académie royale des Sciences que de l'Académie royale des Inscriptions et Belles-Lettres, seront, de droit, académiciens libres de l'Académie à laquelle ils ont appartenu.

Ces académiciens feront les élections nécessaires pour compléter le nombre de dix académiciens libres dans chacune d'elles.

21. L'Académie royale des Beaux-Arts aura également une classe d'académiciens libres, dont le nombre sera déterminé par un règlement particulier, sur la proposition de l'Académie elle-même.

22. Notre ministre secrétaire d'État au département de l'intérieur soumettra à notre approbation les modifications qui pourraient être jugées nécessaires dans les règlements de la première, de la troisième et de la quatrième classe de l'Institut, pour adapter lesdits règlements à l'Académie royale des Sciences, à l'Académie royale des Inscriptions et Belles-Lettres et à l'Académie royale des Beaux-Arts.

23. Il sera, chaque année, alloué au budget de notre ministre secrétaire d'État de l'intérieur un fonds général et suffisant pour payer les traitements conservés et indemnités aux membres, secrétaires perpétuels, et employés des quatre classes de l'Institut, ainsi que pour les divers travaux littéraires, les expériences, impressions, prix et autres objets.

Le fonds sera réparti entre chacune des quatre Académies qui composent l'Institut, selon la nature de leurs travaux, et de manière à ce que chacune d'elles ait la libre jouissance de ce qui sera assigné pour son service.

24. Tous les membres qui ont appartenu jusqu'à ce jour à l'une des quatre classes de l'Institut conserveront la totalité de leur traitement.

25. Sont maintenus les décrets et règlements qui ne contiennent aucune disposition contraire à celles de la présente ordonnance.

26. Notre ministre secrétaire d'État au département de l'intérieur est chargé de l'exécution de la présente ordonnance.

Donné au château des Tuileries, le 21 mars de l'an de grâce 1816, et de notre règne le vingt-unième.

Signé **LOUIS.**

Par le Roi :

Le ministre secrétaire d'État de l'intérieur,

Signé VAUBLANC.

Certifié conforme par nous,

Garde des sceaux de France, ministre secrétaire d'État au département de la justice,

BARBÉ-MARBOIS.

INSTITUT DE FRANCE.

ACADÉMIE

DES BEAUX-ARTS.

STATUTS DE L'ACADÉMIE DES BEAUX-ARTS.

Composition de l'Académie.

ART. 1ᵉʳ. L'Académie des Beaux-Arts est composée d'académiciens, d'académiciens libres et d'associés étrangers.

Académiciens.

2. Les académiciens sont au nombre de quarante. Ils sont choisis parmi les peintres, les sculpteurs, les architectes, les graveurs et les compositeurs de musique les plus dis-

tingués par leurs talents et par leurs ouvrages.

3. Nul ne peut être académicien s'il n'est
Français, âgé de vingt-cinq ans au moins, et
domicilié à Paris.

4. Les quarante académiciens sont répartis
en cinq sections, ainsi qu'il suit : dans la section de peinture, quatorze; dans la section
de sculpture, huit; dans la section d'architecture, huit; dans la section de gravure, quatre;
dans la section de musique, six.

5. Le secrétaire perpétuel peut être choisi
hors du nombre des quarante académiciens.
Dans ce cas, il jouit du titre et de tous les
droits d'académicien; mais il ne fait partie
d'aucune des cinq sections. Lorsqu'il est choisi
parmi les membres d'une section, sa place y
devient vacante.

Académiciens libres.

6. La classe des académiciens libres est
composée de dix membres. Ils sont choisis
parmi les hommes distingués, soit par leur
rang et leur goût, soit par leurs connaissances théoriques ou pratiques dans les beaux-
arts.

7. Les académiciens libres ont voix délibérative dans toutes les discussions relatives
aux sciences, aux lettres et aux arts. Ils peuvent faire partie de toutes les commissions,

nommées dans le sein de l'Académie (autres que celles qui ont rapport à l'administration), et concourir à la nomination de ces mêmes commissions. Ils jouissent de toutes les prérogatives des académiciens, excepté de celle du droit de suffrage pour les élections aux places vacantes dans les sections, pour celle du secrétaire perpétuel, pour les jugements des grands prix annuels de peinture, sculpture, architecture, gravure, composition musicale, et pour ceux de tout autre concours public.

8. Néanmoins les académiciens libres ont droit de voter avec les autres académiciens pour les élections aux places qui viennent à vaquer, 1° dans la classe des académiciens libres, 2° dans celle des associés étrangers, 3° parmi les correspondants.

9. Les académiciens libres ne peuvent, dans aucun cas, être élus aux places d'académiciens vacantes dans les cinq sections ci-dessus dénommées.

10. Les académiciens libres n'ont d'autre indemnité que celle du droit de présence.

Associés étrangers.

11. Le nombre des associés étrangers de l'Académie ne peut excéder celui de dix. Ils sont choisis parmi les artistes les plus célèbres et les amateurs des beaux-arts les plus distingués de l'Europe.

12. Les associés étrangers, lorsqu'ils se trouvent à Paris, jouissent du droit de siéger dans les assemblées de l'Académie. Ils ne font partie d'aucune section, ne touchent aucun traitement, ni droit de présence. Ils ne peuvent voter ni dans les élections des membres de l'Académie, ni dans les jugements des grands prix annuels et autres concours publics; mais ils ont voix délibérative dans toutes les discussions relatives aux sciences, aux lettres et aux arts.

Organisation de l'Académie.

13. Le bureau de l'Académie est composé d'un président, d'un vice-président et d'un secrétaire perpétuel.

14. Tous les ans, dans la première séance de janvier, l'Académie nomme, selon les formes ci-après prescrites, et parmi les académiciens membres des sections, un vice-président, qui, l'année d'après, devient de droit président, et ne peut pas être immédiatement réélu.

15. Les fonctions de président sont de proposer les sujets de délibération ou de discussion, de maintenir l'ordre et la décence dans l'assemblée, de dépouiller les scrutins et d'en prononcer les résultats. Il est spécialement chargé de veiller à l'exécution des statuts et des règlements de l'Académie, et d'y rappeler ceux qui pourraient s'en écarter.

16. Le vice-président supplée le président dans toutes ses fonctions : en cas d'absence de l'un et de l'autre, l'Académie est présidée par le président de l'année précédente ; à défaut de celui-ci, par le doyen d'âge des académiciens.

17. Les fonctions de secrétaire perpétuel sont de recueillir en substance tout ce qui est proposé, examiné et résolu dans les séances de l'Académie ; de tenir note des lectures et rapports, ou discours, qui y sont faits ; de dresser du tout un procès-verbal, qui, après avoir été lu en séance et approuvé par l'Académie, est consigné dans un registre à ce destiné ; d'entretenir la correspondance, soit avec le ministère, soit avec l'école de Rome, soit avec les particuliers ; de signer, conjointement avec le président, tous les actes et rapports de l'Académie ; d'en délivrer au besoin des copies ou extraits certifiés ; de rédiger les mémoires de l'Académie et les notices historiques de la vie et des ouvrages des académiciens décédés ; de surveiller le dépôt de tous les actes, titres, papiers et registres concernant l'institution et les travaux de l'Académie.

18. En cas d'absence momentanée, de maladie ou de mort, le secrétaire perpétuel est remplacé dans l'intérim par le vice-président, ou, à défaut de celui-ci, par le plus ancien nement élu des membres présents.

19. En exécution de l'art. 5 de l'ordonnance du roi du 21 mars 1816, l'Académie

nomme, dans la première séance de chaque année, deux de ses membres pour faire partie de la commission centrale chargée de régir et d'administrer les propriétés communes aux quatre Académies qui composent l'Institut, et les fonds y affectés. Ces commissaires sont élus chacun pour un an, et sont toujours rééligibles.

20. Le président, le vice-président, le secrétaire perpétuel et les deux membres de la commission centrale administrative désignée dans l'article précédent forment un comité qui, aux termes de l'article 6 de la susdite ordonnance, est chargé de régir, au nom de l'Académie, ses propriétés et fonds particuliers, et de proposer l'état annuel de ses dépenses.

21. L'Académie nomme encore, au commencement de l'année, une commission dont l'objet est de prendre communication des discours, notices historiques et rapports de ses travaux, que le président, le secrétaire ou tout autre académicien est chargé de faire au nom du corps. Cette commission est composée de cinq membres, pris dans les cinq sections, et d'un sixième choisi parmi les académiciens libres. Ces commissaires sont toujours rééligibles.

Tenue des séances.

22. Les séances ordinaires et les séances publiques de l'Académie sont tenues par le bureau.

23. Les séances ordinaires de l'Académie ont lieu le samedi de chaque semaine ; elles commencent à trois heures après midi, et ne doivent pas durer plus de deux heures.

24. Si le samedi est un jour de fête, la séance est remise à un autre jour ; les académiciens sont prévenus de ce changement par des billets à domicile.

25. Lorsqu'il y a lieu, le bureau peut convoquer une assemblée extraordinaire.

26. Aucune personne, hors les membres dont est composée l'Académie et ses correspondants, les membres et correspondants des autres Académies faisant partie de l'Institut, ne peut assister aux assemblées ordinaires ou extraordinaires, si elle n'y est admise par le bureau sur la présentation d'un académicien.

27. La première séance du mois d'octobre est rendue publique.

28. Dans cette séance publique, le secrétaire perpétuel rend compte des travaux de l'Académie pendant le cours de l'année. Il lit les notices historiques des académiciens décédés. Il proclame les noms des élèves des beaux-arts qui ont remporté les grands prix de peinture, de sculpture, d'architecture, de gravure et de composition musicale. Le président leur distribue les médailles et les couronnes.

Attributions de l'Académie.

29. L'Académie dirige spécialement les concours qui ont lieu annuellement pour les

grands prix de peinture, de sculpture, architecture, gravure et composition musicale. Elle en donne les sujets, en rédige les programmes, en juge les résultats; et, lorsque ses jugements sur les différents concours sont prononcés, elle en fait part au ministre de l'intérieur [1].

3o. Dans sa séance publique du mois d'octobre, elle proclame les noms des élèves qui ont remporté les grands prix, et leur en fait la distribution solennelle.

3r. Lorsqu'il vient à vaquer une place de professeur, soit à l'École royale des Beaux-Arts de Paris, soit à celles des départements, l'Académie présente au ministre (après qu'il en a fait la demande) un des candidats entre lesquels est choisi le sujet qui doit remplir les fonctions vacantes.

32. L'Académie, d'après le renvoi qui lui est fait par le ministre des rapports du directeur de l'école de Rome, ainsi que des ouvrages et morceaux d'étude des pensionnaires, juge du progrès des élèves, de la manière dont ils remplissent les obligations qui leur sont imposées, de l'état enfin de l'établissement et des améliorations dont il peut paraître susceptible. Elle consigne ses observations à ce sujet dans un rapport qu'elle adresse au ministre pour être transmis au directeur, et par lui, lorsqu'il y a lieu, communiqué aux pensionnaires.

[1] Actuellement au ministre d'État.

33. Tous les six ans, à l'époque du renou-
vellement du directeur de l'école de Rome,
ou en cas de rappel ou de mort, l'Académie,
sur la notification du ministre, présente trois
candidats pour la place à donner.

Travaux de l'Académie.

34. Les séances que l'Académie ne consa-
cre pas à l'exercice des attributions ci-dessus
énoncées sont employées, soit à la lecture
des mémoires et dissertations de ses membres
ou des étrangers admis par le bureau à lui
faire part de leurs recherches, soit à examiner
les découvertes, les procédés nouveaux ou les
nouvelles applications d'anciens procédés dont
le gouvernement ou les particuliers lui sou-
mettent le jugement. Elle discute les articles
du *Dictionnaire général des beaux-arts* qu'elle
est appelée à composer, d'après la rédaction
d'une commission spéciale formée dans son
sein, qui prépare chaque article, et le soumet,
après deux lectures, à l'adoption de l'assemblée générale.

35. L'Académie, étant formée pour s'occu-
per de tout ce qui peut contribuer aux progrès
et au perfectionnement des différentes parties
des beaux-arts, donne son avis motivé sur
tous les projets, problèmes, difficultés ou
questions d'art qui lui sont adressés par le
gouvernement ; et, s'il est nécessaire, elle ac-

compagne son rapport de dessins ou de modèles pour faciliter l'intelligence du sujet. Elle propose tous les projets d'amélioration dont l'étude des beaux-arts est susceptible.

Commissions.

36. Pour préparer, faciliter et exécuter les différents travaux dont l'Académie est chargée par les statuts, ou peut l'être accidentellement sur les demandes qui lui sont adressées, elle nomme plusieurs sortes de commissions, les unes permanentes, les autres annuelles, quelques-unes dont l'existence n'a d'autre durée que celle du travail qui leur est confié.

37. L'Académie, selon la nature des questions et des travaux, peut inviter des membres d'autres Académies faisant partie de l'Institut à y prendre part, et les associer à ses commissions.

38. Les membres du bureau peuvent assister à toutes les commissions, et y ont voix délibérative, mais ne composent pas nécessairement le bureau de ces commissions.

Nominations, élections et délibérations par scrutin.

39. Dans le cours du mois qui suit l'annonce, consignée au procès-verbal, de la vacance d'une place d'académicien, membre des sections, l'Académie délibère s'il y a lieu,

ou non, de procéder à la remplir, après avoir entendu sur ce sujet le rapport de la section dans laquelle la place est vacante.

40. Si l'Académie juge qu'il n'y a pas lieu de procéder au remplacement, elle délibère six mois après, et ainsi de suite.

41. Lorsque l'Académie a décidé qu'il y a lieu de remplacer, les membres des cinq sections sont convoqués pour la séance suivante. La section dans laquelle la place est vacante présente trois candidats au moins, dans l'ordre de préférence qu'elle leur accorde. Le mérite des candidats présentés par la section est discuté par l'Académie, qui peut ajouter à la liste de présentation de nouveaux candidats, pourvu qu'ils obtiennent la majorité absolue des votes.

42. Dans la séance qui suit celle de cette discussion, séance pour laquelle tous les membres sont de nouveau convoqués, si les deux tiers sont présents, l'on procède à l'élection, à la majorité absolue des suffrages et par la voie du scrutin, ainsi qu'il sera expliqué ci-après.

43. Lorsque la place de secrétaire perpétuel vient à vaquer, l'Académie procède à sa nomination dans les mêmes formes que pour les nominations d'académiciens, avec ces deux différences, 1° qu'elle ne délibère pas s'il y a lieu, ou non, d'élire; 2° que la liste des candidats est formée par une commission de cinq membres pris dans les cinq sections.

44. Lorsqu'une place d'académicien libre vient à vaquer, il est procédé à l'élection dans les formes ci-dessus. Mais l'Académie ne délibère point s'il y a lieu, ou non, à remplacement; et la liste des candidats est formée par une commission de cinq membres pris dans les cinq sections et d'un sixième pris dans la classe des académiciens libres.

45. Le mode indiqué dans l'article précédent a lieu pour la nomination des associés étrangers et pour celle des correspondants, dont il sera parlé ci-après.

Diverses sortes de scrutin.

46. L'Académie procède diversement aux scrutins qui ont lieu, soit dans ses délibérations, soit pour les différentes nominations et élections qu'elle doit faire.

47. Dans les discussions où il s'agit de recueillir ses avis, elle vote par voie d'appel nominal, et à la majorité absolue des suffrages, à moins qu'un membre ne réclame la voie du scrutin secret.

48. S'il s'agit d'un choix d'ouvrages, de projets, de programmes, etc., l'Académie procède par scrutin secret, et décide d'avance s'il y a lieu d'exiger la majorité absolue, ou de se contenter de la majorité relative.

49. S'il s'agit de nommer les membres des commissions passagères et accidentelles, on

procède à ces nominations (à moins que l'Académie n'en charge le bureau), soit par scrutin secret, individuel, soit par scrutin de liste secret, et à la simple pluralité relative, s'il n'en est autrement décidé d'avance.

50. Les membres du bureau, ceux des commissions permanentes ou annuelles, les associés étrangers et les correspondants sont élus à la majorité absolue, et par la voie du scrutin secret et de ballottage, tel qu'il va être défini.

51. Si le premier tour de scrutin ne donne pas de majorité absolue, on procède à un second. S'il n'en résulte point encore de majorité absolue, on fait un scrutin de ballottage entre les deux candidats qui ont réuni le plus de votes. Un seul ayant plus de suffrages que tous les autres, sans avoir la majorité absolue, s'ils s'en trouvait deux ou plusieurs qui eussent un nombre égal de suffrages, le scrutin de ballottage se fait d'abord entre ceux-ci, jusqu'à ce que l'un d'eux soit supérieur aux autres en suffrages obtenus, et ce dernier est ballotté ensuite avec celui qui a eu le premier la majorité relative. Si les suffrages se trouvent partagés également entre deux candidats, le ballottage est réitéré dans la même séance, jusqu'à ce que l'un des deux noms réunisse la majorité requise.

52. Les académiciens membres des sections, le secrétaire perpétuel et les académiciens libres sont nommés à la majorité

absolue, et par la voie du scrutin secret, mais réitéré sans ballottage, jusqu'à ce que, par la réunion de plus de la moitié des suffrages, l'un des candidats obtienne la majorité absolue.

53. Les séances consacrées aux nominations sont secrètes, c'est-à-dire que ni les étrangers ni même les correspondants de l'Académie, ne peuvent y être admis.

54. Les nominations des académiciens, du secrétaire perpétuel, des académiciens libres et des associés étrangers sont soumises à l'approbation du roi [1].

Des indemnités.

55. Chacun des membres qui composent les sections de l'Académie jouit de l'indemnité entière de 1,500 fr., qui lui est accordée par l'ordonnance du roi du 21 mars 1816 ; cependant il est prélevé sur cette indemnité une somme de 300 fr. pour former un fonds de droits de présence à répartir seulement entre les membres qui assistent aux séances de l'Académie.

56. A cet effet, et pour constater cette assistance, chacun signe en entrant une liste de présence, qui est close et arrêtée par le secrétaire perpétuel au moment de l'ouverture de la séance.

[1] Actuellement de l'Empereur.

57. Les droits de présence des absents, quel que soit le motif de leur absence, accroissent à ceux qui assistent à la séance[1].

58. Il est fait encore une retenue sur chaque indemnité, pour subvenir aux frais des funérailles des académiciens décédés[2].

59. Tout membre qui s'absente plus d'une année sans l'agrément de l'Académie est censé avoir donné sa démission, à moins qu'il n'ait reçu une mission ou une autorisation expresse du gouvernement.

Des correspondants.

60. Le nombre des correspondants de l'Académie ne peut pas excéder celui de quarante. Ils sont choisis parmi les étrangers et les régnicoles non domiciliés à Paris, qui, par leurs connaissances, leurs talents et leurs ouvrages, sont propres à seconder l'Académie dans ses travaux.

61. Ils sont élus, ainsi qu'il a été dit (art. 50), sur une liste de candidats, présentée par une commission de six membres, dont cinq sont pris dans les cinq sections et le sixième dans la classe des académiciens libres.

62. Lorsqu'ils se trouvent à Paris, les correspondants assistent aux séances de l'Acadé-

[1] L'Académie a dérogé à cet article, par arrêté du 4 novembre 1820, en faveur des octogénaires.
[2] Cette retenue a été abolie du consentement des quatre Académies, à compter du mois de juillet 1820

mie, et prennent part à toutes les discussions qui ont les arts pour objet.

Certifié conforme :

Le secrétaire perpétuel,

Signé QUATREMÈRE DE QUINCY.

Certifié conforme pour être annexé à l'ordonnance du 7 juillet 1816 :

Le ministre secrétaire d'État de l'intérieur,

Signé LAINÉ.

Pour ampliation :

Le secrétaire général, membre de la chambre des députés, chevalier de Saint-Louis et de la Légion d'honneur,

Signé PAULINIER DE FONTENILLE.

EXTRAITS

DES

PROCÈS - VERBAUX DE L'ACADÉMIE

CONTENANT

DES ARRÊTÉS RÉGLEMENTAIRES.

———

DISPOSITIONS

RELATIVES AUX CORRESPONDANTS,

Adoptées dans la séance du 11 décembre 1841,

Tout correspondant qui aura fixé son domicile à Paris perdra après un an de séjour
dans la capitale, à partir du jour où l'Académie aura pris cette décision, son titre de correspondant.

Disposition transitoire : Ceux de MM. les
correspondants actuels auxquels cette mesure

3.

pourra être appliquée, deviendront *Correspondants honoraires*, et continueront de jouir, en cette qualité, de la faculté d'assister aux séances de l'Académie et de prendre part à ses travaux.

L'Académie adopte, à la majorité des suffrages, la proposition qui, en conséquence de l'article 26 de la loi du 16 germinal an IV, tend à déclarer démissionnaires ceux de MM. les correspondants actuels qui, dans la suite, passeront cinq ans sans faire aucune communication à l'Académie. Cette mesure ne sera cependant pas applicable à ceux d'entre eux qui seront devenus octogénaires.

DISPOSITION

RELATIVE AUX FUNÉRAILLES DES MEMBRES DE L'ACADÉMIE,

Adoptée dans la séance du 27 novembre 1847.

L'Académie décide que les membres de la section à laquelle aurait appartenu le défunt seraient tenus, ainsi que les membres du bureau, à assister aux obsèques en costume d'Institut, et que, de plus une commission composée des derniers membres de chaque section et d'un académicien libre, de l'élection la plus récente, serait nommée dans la première séance de chaque année et renouvelée tous les ans, pour se joindre aux membres précédemment désignés, pareillement en costume.

NOTE DES FONDATIONS

FAITES A L'ACADÉMIE.

Extrait du testament de M Alhumbert, en date du 4 mars 1817.

Je donne et lègue à l'Académie des Sciences et Arts de Paris 3oo fr. de rente perpétuelle sur l'État, pour fonder un prix annuel pour les progrès des sciences et arts; j'entends que les arrérages courent au profit de l'Académie à compter du jour de mon décès.

Une ordonnance du roi du 6 novembre 1817 a autorisé les Académies des Beaux-Arts et des Sciences à accepter ce legs.

Extrait du testament de madame veuve Leprince, en date du 14 octobre 1824.

Je donne et lègue à l'Académie royale des Beaux-Arts, faisant partie de l'Institut de

France, trois mille francs de rentes perpétuelles sur l'État, dont cette Académie jouira à compter du jour de mon décès. Je fais ce legs pour contribuer au perfectionnement des beaux-arts. En conséquence, je veux qu'annuellement cette rente soit distribuée, savoir : mille francs à celui qui aura remporté le premier prix de sculpture, mille francs à celui qui aura remporté le premier prix de peinture, six cents francs à celui qui aura remporté le premier prix d'architecture, et quatre cents francs à celui qui aura remporté le premier prix de gravure. Dans le cas où ces premiers prix ou aucun d'eux n'auraient été obtenus dans ces quatre arts, je veux que la portion qui devait être attribuée à celui de ces arts pour l'année où il n'y aura pas de premier prix d'obtenu, soit remise à celui ou à ceux qui, dans les années précédentes, auront obtenu les premiers prix et qui, se trouvant pensionnaires de l'État à Rome, auront envoyé le meilleur ouvrage dans l'art où il n'y aura pas eu de premier prix d'obtenu.

Extrait du testament de M. Deschaumes, en date du 2 août 1825.

Je lègue un capital de dix mille francs à la classe des Beaux-Arts de l'Institut royal de France, avec l'autorisation du roi, pour le produit annuel de cinq cents francs de rentes perpétuelles être donné à titre d'encouragement à un jeune architecte, le moins favorisé de la fortune, mais à la condition qu'il vivra avec une ou plusieurs sœurs dans la plus parfaite union, et qu'il aura donné des preuves d'une excellente moralité et des vertus fraternelles.

Ce prix, donné chaque année au jeune architecte choisi par la classe des Beaux-Arts de l'Institut, sera consacré au profit de l'architecture, délivré à la modeste aisance et au triomphe de l'amitié fraternelle, et en mémoire de cette amitié si vertueuse, si féconde, si remplie de charme qui a existé entre ma céleste sœur et moi.

Le prix pourra être donné plusieurs années de suite; si la classe des Beaux-Arts ne trouvait pas de sujet assez méritant, il sera donné au même architecte peu avancé dans ses études, marquant des dispositions dans son art, mais toujours vivant avec une ou plusieurs sœurs vertueuses et qui aurait été couronné les années précédentes, le tout à la volonté et d'après la sagesse des membres de la classe des Beaux-Arts de l'Institut.

Tous les cinq ans, le produit de cette rente, au lieu d'être délivré à un jeune architecte, sera consacré à un jeune poëte vivant avec sa sœur et ayant les mêmes qualités que le jeune architecte requises ci-dessus. Ce prix de concours sera donné au jeune littérateur ou poëte

qui aura en outre fait le plus bel éloge de
l'amitié fraternelle entre le frère et la sœur; et
s'il lui plaît de jeter quelques fleurs sur l'auteur du prix d'amitié qui aura lieu tous les
cinq ans, je lui demande une immortelle pour
ma sœur et une pensée pour moi.

Extrait du testament de M. Bordin, en date du 26 mai 1835.

Je donne et lègue à l'Institut royal de France
douze mille francs de rente cinq pour cent de
consolidés sur l'État. Cette rente sera divisée
et répartie chaque année entre l'Académie
Française, l'Académie des Inscriptions et
Belles-Lettres, l'Académie des Sciences et
l'Académie des Beaux-Arts, à raison de trois
mille francs de rente pour chacune des trois
premières Académies, et de deux mille cinq
cents francs de rente pour l'Académie des
Beaux-Arts, pour, par lesdites Académies, faire
annuellement de la portion de rente dévolue
à chacune d'elles l'emploi qui va être ci-après
fixé...

Quant aux cinq cents francs de rente de sur-
plus, ils resteront à la disposition de ce corps,
pour le couvrir et l'indemniser des frais et
dépenses annuelles que pourront lui occasion-
ner les détails d'exécution des dispositions,

relatives à la distribution des prix qui seront
ci-après fondés, que chaque Académie devra
faire tous les ans, jusqu'à concurrence de la
portion de rente à elle attribuée.

L'Institut sera saisi de cette rente de douze
mille francs du jour de mon décès; mais son
entrée en jouissance ne commencera que du
jour du décès de madame Bordin, si elle me
survit, attendu l'usufruit qu'elle aura pendant
sa vie de l'universalité des biens de ma succession. Cette rente de douze mille francs sera
fournie à l'Institut, soit par le transfert qui
lui sera fait de pareille quotité de rentes à
prendre dans celles de même nature que je
délaisserai, soit à défaut par l'achat qui en
sera fait des deniers de ma succession. L'ins-
scription de cette rente de douze mille francs
devra être délivrée au profit de ma femme
pour l'usufruit pendant sa vie, si elle m'a sur-
vécu, et au nom de l'Institut pour la nue-pro-
priété, à laquelle se réunira la jouissance au
décès de ma femme. Elle sera inaliénable par
l'Institut, le tout conformément et aux termes de
l'acte qu'il conviendra de passer préalablement
entre mes légataires universels et les délégués
ou représentants de l'Institut, pour constater
l'origine, la cause et le but de ladite inscrip-
tion et motiver la raison pour laquelle elle
doit être inaliénable par l'Institut.

Les portions de rente attribuées à chaque
Académie, dans la rente totale de douze mille
francs, serviront à fournir et composer les

prix que je fonde par mon présent testament, jusqu'à concurrence de la valeur desdites portions de rente, pour être délivrées annuellement par chaque académie aux auteurs qui auront le mieux rempli les programmes et traité les sujets, soit en prose, soit en vers qu'elle aura proposés. La première distribution de ces prix n'aura lieu, comme de raison, qu'après l'expiration de l'année dans laquelle l'Institut sera entré en jouissance de ladite rente de douze mille francs. Le nombre et la valeur de ces prix seront tous les ans déterminés par les programmes, en sorte que chaque année la portion de rente appartenant à chaque Académie pourra composer un ou plusieurs prix de quotités différentes, suivant l'importance, la nature et la difficulté des sujets à traiter. Les juges du concours pourront même, d'après la manière satisfaisante dont le programme aura été rempli et la supériorité du travail de l'un des concurrents sur les compositions des autres, annuler les portions divises qui auront été d'abord fixées et les réunir en un moindre nombre, ou même en une seule, en faveur de l'auteur de la meilleure composition. Les sujets mis au concours auront toujours pour but l'intérêt public, le bien de l'humanité, les progrès de la science et l'honneur national. Si même un ouvrage important en prose comme en vers, soit dans la littérature, soit dans les sciences, soit dans les arts, avait été récemment publié et paraissait digne

par son mérite et la supériorité de talent avec
lequel il aurait été traité d'une distinction écla-
tante et d'une honorable rémunération, l'Institut entier, sur la proposition de l'Académie
que la matière traitée concernerait plus par-
ticulièrement, pourra suspendre dans ce cas
en tout ou en partie les concours et distri-
butions des prix d'une année, et remettre et
délivrer le montant des prix suspendus à
l'auteur de l'ouvrage, fût-il même membre de
l'Institut, et ce, à titre d'honneur, de reconnaissance et d'encouragement. Cette résolution
sera prise par l'Institut en corps sur une con-
vocation spéciale, en la forme ordinaire de
ses délibérations, et il en sera délivré une
ampliation à l'auteur lors de la remise qui lui
sera faite de la somme qui lui aura été allouée.

Dans le cas où, par des motifs et consi-
dérations que je ne puis prévoir, l'Institut
de France ou la Compagnie des notaires de
Paris n'auraient pas jugé convenable d'accepter les legs que je leur ai faits sous les conditions y attachées ou n'auraient pu en obte-
nir l'autorisation, si elle était nécessaire, je
vais disposer de la manière suivante du montant de chacun desdits legs, qui deviendra
ainsi caduc.

Si c'était le legs fait à la Compagnie des
notaires de Paris relativement à la fondation
par moi faite d'une école de notariat, dont
j'ai confié la direction et la surveillance à ladite Compagnie, l'institution de cette école

n'aurait point lieu par ce seul fait. Ce legs deviendrait nul dans sa totalité, et les fonds que j'y ai consacrés seront répartis ainsi qu'il suit :

Premièrement, je donne et lègue à l'administration des hospices de Paris...........
....

Deuxièmement, je donne et lègue à l'Institut de France, sur ledit legs fait à la Compagnie des notaires de Paris, qui serait devenu caduc, les trois mille francs de rente formant l'autre moitié des six mille francs de rente cinq pour cent consolidés sur l'État, que j'avais légués à ladite Compagnie des notaires, ce qui, joint aux douze mille francs de rente de même nature par moi déjà légués à l'Institut, portera la totalité de son legs à quinze mille francs de rente sur l'État, desquels trois mille francs de rente de supplément il reviendra et appartiendra cinq cents francs de rente à l'Académie des Beaux-Arts, pour lui compléter, avec les deux mille cinq cents francs de même rente qui lui ont été déjà légués, trois mille francs de rente comme aux trois premières Académies, et les deux mille cinq cents francs restants reviendront et appartiendront à l'Académie des Sciences Morales et Politiques, pour les employer chaque année en distribution de prix, conformément et ainsi qu'il a été ci-devant réglé et déterminé pour les quatre autres Académies et sous les mêmes charges et conditions qui leur sont imposées.

Extrait du testament de M. le comte de Maillé-Latour-Landry, en date du 25 mars 1839.

Je lègue à l'Académie Française et à l'Académie royale des Beaux-Arts une somme de 30,000 fr. pour la fondation d'un secours à accorder chaque année, au choix de chacune de ces deux académies alternativement, à un jeune écrivain ou artiste pauvre dont le talent, déjà remarquable, paraîtra mériter d'être encouragé à poursuivre sa carrière dans les lettres et les beaux-arts.

Ce capital sera employé en rentes sur l'État, et s'appellera *Prix comte de Maillé-Latour-Landry.*

———

Extrait du testament de M. Lambert, en date du 30 juin 1849.

Comme toutes mes dispositions sont (en grande partie) en faveur d'artistes ou hommes de lettres ou leurs veuves, je désire qu'une commission de deux membres nommée par l'Institut s'unisse à M. Foucher pour s'entendre sur l'exécution de ce testament.

Ces deux objets terminés, l'Institut s'occuperait de distribuer, de mes trois mille six cent vingt-neuf francs de rentes, des secours à de pauvres artistes, peintres, musiciens, hommes de lettres ou leurs veuves. Je commence par désigner une rente viagère de douze cents francs de rentes, que je lègue à Benoît Mozin, compositeur, professeur de piano, demeurant rue Hauteville, 57, et avant avenue de Gentilly, 12, près des Gobelins. Cette rente viagère serait réversible sur madame Mozin; mais monsieur et madame morts, cette rente retournerait à l'Institut pour être distribuée avec ce qui reste des trois mille six cent vingt-neuf francs à de pauvres artistes vieux, ou comme motif d'encouragement à de jeunes artistes pour une production remarquable; alors ce legs prendrait le titre de *Prix Lambert*.

. . . .

Les dons distribués aux malheureux artistes, ou hommes de lettres, seraient intitulés : *Bienfaisance Lambert*.

Par un décret en date du 11 juillet 1853, le montant de la rente sera partagé également entre l'Académie Française et l'Académie des Beaux-Arts, qui sont chargées d'en faire emploi suivant les intentions du testateur.

ARTICLES

Adoptés dans la séance du 24 juillet 1844.

Chaque année, à la séance publique, après la distribution des grands prix, les noms des artistes qui seraient appelés à la jouissance de ces legs seront proclamés, et ceux des bienfaiteurs rappelés à la reconnaissance publique.

La rente provenant du legs Deschaumes sera accordée, durant quatre années de suite, à un architecte qui se trouvera, autant que possible, dans les conditions de ce legs, c'est-à-dire qui fera preuve de talents et de vertus domestiques.

La même rente annuelle de 1,200 fr. servira, chaque cinquième année, à doter un concours de poésie, qui s'ouvrira pour la scène lyrique à mettre en musique au concours de composition musicale.

ARTICLE

Adopté dans la séance du 29 mars 1845.

Il sera ouvert, chaque année, un concours de poésie, dont le sujet sera la scène lyrique à mettre en musique pour le concours de composition musicale, et une médaille de 3oo fr. sera accordée à l'auteur de la pièce de vers qui aura été jugée la meilleure.

Certifié conforme :

Le Secrétaire perpétuel,

RAOUL-ROCHETTE

TABLE DES MATIÈRES.

FIN DE LA TABLE.

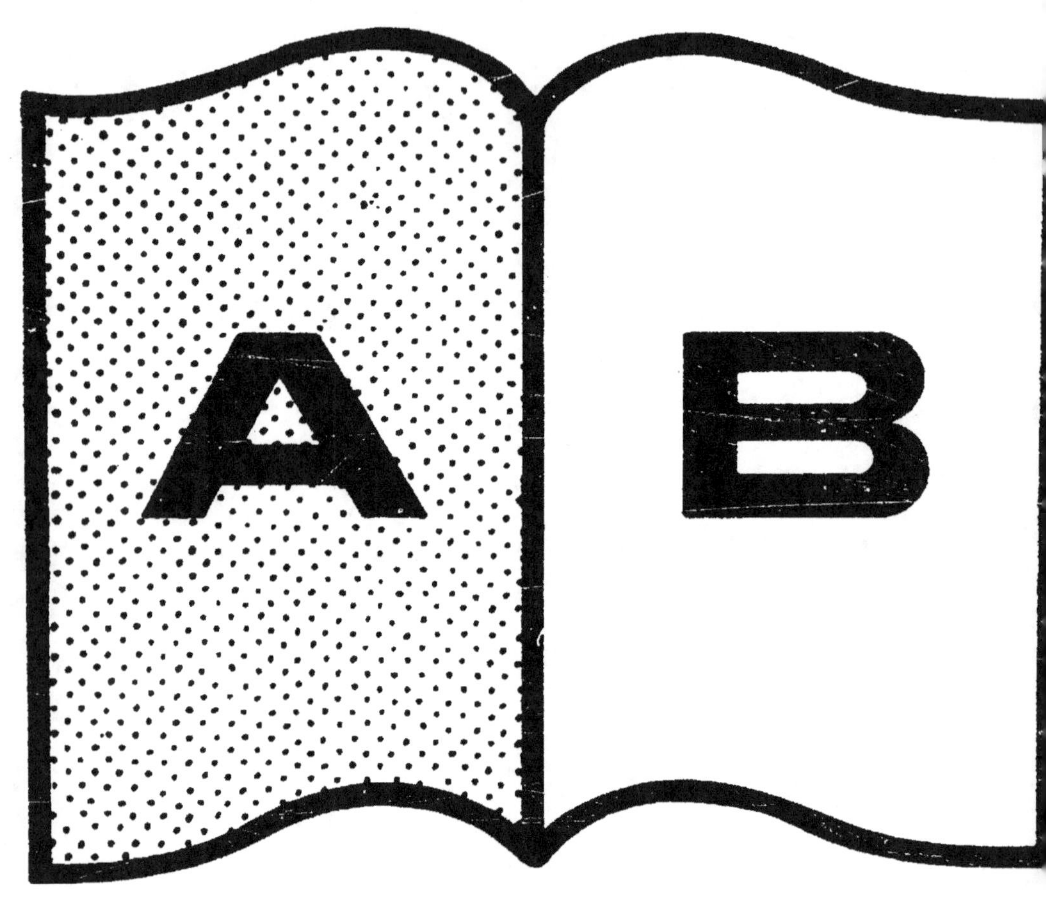

Contraste insuffisant

NF Z 43-120-14